Temps des crises

Mise en pages : Marina Smid

Cet ouvrage est paru aux Éditions Le Pommier en 2009
dans la collection « Manifestes ».

ISBN : 9782746505926
239, rue Saint-Jacques 75005 Paris
www.editions-lepommier.fr

Michel Serres

de l'Académie française

Temps des crises

[POCHE-LE POMMIER !]

Du même auteur

Le Système de Leibniz et ses modèles mathématiques, PUF, 1982 (1re édition 1968).
Hermès I, La Communication, Éditions de Minuit, 1969.
Hermès II, L'Interférence, Éditions de Minuit, 1972.
Hermès III, La Traduction, Éditions de Minuit, 1974.
Jouvences, Sur Jules Verne, Éditions de Minuit, 1974.
Auguste Comte, Leçons de philosophie positive, tome I, Hermann, 1975.
Esthétiques sur Carpaccio, Hermann, 1975.
Feux et signaux de brume, Zola, Grasset, 1975.
Hermès IV, La Distribution, Éditions de Minuit, 1977.
La Naissance de la physique dans le texte de Lucrèce, Éditions de Minuit, 1977.
Hermès V, Passage du Nord-Ouest, Éditions de Minuit, 1980.
Le Parasite, Grasset, 1980.
Genèse, Grasset, 1982.
Détachement, Flammarion, 1983.
Rome. Le Livre des fondations, Grasset, 1983.
Les Cinq Sens, Grasset, 1985.
L'Hermaphrodite, Flammarion, 1987.
Statues, François Bourin, 1987.
Éléments d'histoire des sciences (en collaboration), Bordas, 1989.
Le Contrat naturel, François Bourin, 1990.
Le Tiers-Instruit, François Bourin, 1991.
Éclaircissements (Entretiens avec Bruno Latour), François Bourin, 1992.
La Légende des anges, Flammarion, 1993.
Les Origines de la géométrie, Flammarion, 1993.
Atlas, Julliard, 1994.
Éloge de la philosophie en langue française, Fayard, 1995.
Nouvelles du monde, Flammarion, 1997.
Le Trésor, dictionnaire des sciences (en collaboration), Flammarion, 1997.
À visage différent (en collaboration), Hermann, 1997.
Paysages des sciences (en collaboration), Le Pommier, 1999.
Variations sur le corps, Le Pommier, 1999 ; texte seul, 2002.
Hergé, mon ami, Éditions Moulinsart, 2000.
Le Livre de la médecine (en collaboration), Le Pommier, 2001.
Hominescence, Le Pommier, 2001.
En amour, sommes-nous des bêtes ?, Le Pommier, 2002.
L'Incandescent, Le Pommier, 2003.
Jules Verne, la science et l'homme contemporain, Le Pommier, 2003

Rameaux, Le Pommier, 2004
Récits d'Humanisme, Le Pommier, 2006
L'Art des ponts, Le Pommier, 2006
Petites Chroniques du dimanche soir, Le Pommier, 2006
Le Tragique et la Pitié, Discours de réception de René Girard à l'Académie française et réponse de Michel Serres, Le Pommier, 2007
Petites Chroniques du dimanche soir 2, Le Pommier, 2007
Carpaccio, les esclaves libérés, Le Pommier, 2007
Le Mal propre, Le Pommier, 2008
La Guerre mondiale, Le Pommier, 2008
Écrivains, savants et philosophes font le tour du monde, Le Pommier, 2009
Petites Chroniques du dimanche soir 3, Le Pommier, 2009
Temps des crises, Le Pommier, 2010
Biogée, Dialogue.fr et Le Pommier, 2010
Cahier de l'Herne, 2010
Musique, Le Pommier, 2011.
Petites Chroniques du dimanche soir 4, Le Pommier, 2011.
Habiter, Le Pommier, 2011.

Sommaire

Il arrive qu'un séisme ne dessine qu'une ride sur le sol ; ou quelques fêlures et fentes sur les ouvrages d'art, ponts et bâtiments. À force millénaire de tremblements de terre apparaît une crevasse large dans le paysage, comme on en voit en Islande ou en Californie, celle de San Andreas. Visibles puis imprimées sur la carte, ces traces et marques révèlent et cachent une faille géante au niveau des plaques basses, qui se meuvent lentement et cassent tout à coup dans les abysses tectoniques, invisibles. Et la cause profonde de tous ces mouvements gît là.

Voilà le plan-coupe du livre et voici son sujet. Financière et boursière, la crise qui nous secoue aujourd'hui, sans doute superficielle, cache et révèle des ruptures qui dépassent, dans le temps, la durée même de l'histoire, comme les failles de ces plaques basses dépassent, dans l'espace, notre perception. Accéder à ces causes enfouies exige que l'on quitte l'actualité des chiffres.

Et celle des émotions. Pour que les pauvres, vous, moi, ayons dû courir de toute urgence au secours des riches, par l'intermédiaire de l'État, il aura fallu que les riches deviennent si colossalement riches qu'ils paraissent alors à tout le monde aussi nécessaires à notre survie que le Monde. Ainsi, la crise d'aujourd'hui a mis en court-circuit explosif le chiffre des monnaies volatiles manipulées par quelques experts et la réalité globale des choses concrètes. Où je retrouve le sol et la terre qui firent image en mon commencement.

Ce livre afin que de ces choses le lecteur puisse juger.

DÉFINITIONS
DU MOT CRISE

Ce dernier verbe tombe assez bien. Le mot crise vient du grec κρινω, *crinô*, qui, justement, signifie juger. Expliquer le sens d'un terme permet parfois d'éclaircir ce qu'il désigne. Exemple : un *critique* de théâtre raconte la pièce un peu, pas trop pour ne pas l'éventer, mais finit par la dire excellente ou mauvaise, bien ou mal mise en scène et jouée ; le critique de cinéma juge le film navet ou génial. En quelque façon, il installe un tribunal.

Ainsi, le mot crise laisse voir son origine juridique. Il s'agit, là, d'une décision prise par un jury et par son président. Latine quant à elle, *dé-cision* veut dire couper en deux, comme avec des *ciseaux*. Oui ou non, doit-on juger le prévenu coupable ou innocent ? À la fin du procès, l'on tranche. Le cou, naguère. Le critique décide, en partie et parfois, du succès ou de la chute d'une réputation.

Dans l'espace, cette décision dessine un chemin qui bifurque : nous prenons à gauche ou à droite ; belle ou ratée, la comédie ; coupable ou non coupable, condamné ou relaxé, l'accusé. On raconte qu'Hercule, jeune, eut à choisir entre deux voies : le vice ou la vertu. Optez donc vous-même. Jugement et choix.

Depuis que Bayle écrivit un *Dictionnaire historique et critique*, depuis que Leibniz traduisit Dieu devant le tribunal des philosophes sous le chef de la responsabilité du Mal, depuis les titres célèbres de Kant, la philosophie et l'histoire entrèrent ensemble dans une ère où le modèle critique fit désormais loi : ces deux disciplines s'installèrent alors en juges suprêmes, exemptes, quant à elles, de critique.

Passée, mais alors de façon décisive pour ce qui nous occupe, au lexique médical, la crise y décrit l'état d'un organisme confronté à la croissance d'une maladie, infectieuse, nerveuse, sanguine, cardiaque, jusqu'à un pic local et catastrophique qui le met tout entier en danger : crise de nerfs, d'asthme, d'apoplexie, d'épilepsie, crise cardiaque… En cette situation, justement dite *critique*, le corps prend, à nouveau, et de soi, une *décision* : passé cette limite, ou il meurt ou il emprunte un tout autre chemin. Bifurcation et choix, de nouveau. Dans le cas où il survit au sortir de ladite crise, il prend une autre voie et guérit.

Que penser, alors, de cette guérison ? Qu'elle ne fait jamais retour en arrière – l'expression rétablissement de la santé fait erreur –, ni ne restaure l'état laissé en amont, parce que ce retournement reprendrait, comme en boucle, une évolution identique vers la crise. La guérison indique donc un nouvel état, comme modelé à nouveaux frais par l'organisme. La crise lance le corps ou vers la mort ou vers une nouveauté qu'elle le force à inventer.

Soit dit en passant, voilà l'un des secrets magnifiques de la vie : la possibilité de créer, de toutes pièces et de soi-même, une tout autre organisation de l'organisme ! Elle peut inventer une nouvelle existence ! Ne le pourrions-nous pas, nous aussi ?

Si vraiment nous vivons une crise, en ce sens fort et médical du terme, alors nul retour en arrière ne vaut. Les termes relance ou réforme sont hors de propos. Ou il s'agit vraiment d'une crise et il ne peut y avoir de reprise car, équivalente à une répétition, celle-ci nous précipiterait, de nouveau, en cycle, je viens de le dire, vers une situation critique au moins analogue, ou, pis encore, vers un état instable et chaotique, plus ou moins long, où le rappel fréquent de ce même retour retrouverait plusieurs fois une situation semblable de rupture – l'histoire du XIXe siècle, en France, le fait voir en surabondance : autant de restaurations, autant de révolutions. Ou alors, inversement, le cours usuel peut reprendre et il ne s'agissait pas d'une crise.

Je dois choisir à mon tour : il s'agit, vraiment, aujourd'hui, d'une crise. Il faut donc inventer du nouveau. Saurai-je le faire ? Rien de moins sûr. Saurons-nous tracer d'autres voies ? Je l'espère. Lesquelles ? Nul ne le sait encore. En tout cas, rien de plus passionnant à chercher.

Je souligne fortement ce forçage de la nouveauté. Nous en avons vécu un exemple dramatique, en 1929, où une crise économique précipita peu à peu l'Occident et le monde dans une guerre à cent millions de morts. Mieux vaut éviter un tel aveuglement. Beaucoup craignent cette obligation d'inventer, on ne peut leur donner tort. J'ai l'audace de m'en réjouir. Pourquoi ?

Chapitre premier

SIX ÉVÉNEMENTS

Des nouveautés millénaires

Tout le monde connaît, beaucoup savent analyser les causes proches de la crise financière qui bouleverse aujourd'hui le casino de la banque et peuvent même en nommer quelques responsables. Je m'en voudrais de reprendre ce que les médias répètent tous les jours.

Je ne me prétends ni économiste ni spécialiste de la monnaie. Je pense simplement que l'écart entre les chiffres atteints par le casino volatil de la Bourse et la réalité, plus lourde et lente, du travail et des biens, écart mesurable en euros et pourcentages, équivaut à la distance immense qui sépare aujourd'hui le spectacle médiatico-politique et une nouvelle condition humaine. Le premier écart, comptable, peut contribuer à évaluer cette deuxième distance. Ce livre tente de le montrer.

Pour les mesurer tous deux, je vais prendre du recul dans l'espace et par le temps. Voici quelques années, *Hominescence* essaya d'établir une sorte de bilan des nouveautés qui affectèrent l'Occident au cours des années qui suivirent la Seconde Guerre mondiale et, spécialement, pendant la décennie 1960-1970. Je dois définir les termes que j'emploie : comment mesurer la nouveauté d'un événement ? Elle est proportionnelle à la longueur de l'ère précédente, que cet événement clôt. Je reviendrai plusieurs fois sur cette précision.

1 - Agriculture

Au cours du XXe siècle, dans les pays analogues au nôtre, le pourcentage du nombre des paysans et des gens que leur métier associait aux labourage et pâturage, par rapport à la population globale d'un groupe donné, chuta de plus de la moitié à 2 %. Cette baisse devint même un effondrement dans la décennie considérée. Elle se poursuit encore. Bien qu'elle continue à se nourrir d'elle, l'humanité occidentale quitta donc, ici au moins, la terre.

Or elle y travaillait et en vivait depuis les années qui suivirent le néolithique. Récente, cette rupture peut passer pour un événement qui dépasse, et de loin, l'histoire usuelle, puisqu'il achève un segment temporel qui commence dans la préhistoire. On peut dire qu'au XXe siècle et, spécialement, dans les années 1960-1970, le néolithique se termine.

Je le répète déjà : comment estimer, comment mesurer l'importance d'un événement, sa nouveauté ? Si vraiment cette mesure est proportionnelle à la longueur de la durée qu'il achève, cet épuisement brutal de la population rurale constitue l'une des ruptures les plus importantes et les plus rares de ce siècle, puisqu'elle finit une ère qui débuta voici dix mille ans. Celles que je vais citer par après, je vais aussi les mesurer à une aune équivalente.

Parallèlement, la proportion d'humains vivant dans des villes passe de 3 % en 1800 à 14 % en 1900 et à plus de la moitié en 2000. Les démographes prévoient qu'en 2030, cette proportion avoisinera les 70 à 75 %. Nous voyons déjà se former, çà et là, de gigantesques mégalopoles.

Que raconte donc notre vieille histoire, quand elle dit l'importance de Babylone, Jérusalem, Athènes, Rome, Paris, Londres ou Washington...? Chante-t-elle la puissance de la minorité infime qui hantait les villes ? La majorité des humains vécut-elle hors de ces lieux et donc de ce récit-là ? Mis à part les guerres où ils moururent, mes ancêtres paysans et mariniers, même proches de ma génération, n'avaient aucune connaissance de cette histoire-là, sauf qu'elle prenait aux mères la vie de leurs enfants et aux filles leurs jeunes amours.

Or, lorsque se déterritorialise ainsi la majorité des humains, le rapport au monde se transforme. Un pourcentage élevé parmi les générations qui me suivent n'a jamais vu poussin ni paille, joug ni soc. Ni vache, ni cochon, ni couvée. Non seulement n'a jamais vu ni entendu dinde ni canard, mais ne sait plus parler de langues régionales, dont la fastueuse mosaïque s'effaça vite avec l'assassinat collectif des paysans-fantassins à la Première Guerre mondiale et chuta brutalement, plus tard, avec la disparition des communautés rurales locales.

Marins et aviateurs, désormais, se dirigent au GPS, sans étoiles ; même les astronomes travaillent à l'écran. Pour savoir le temps qu'il fait, nul n'observe plus le ciel, tous regardent la météo, à la télé. On croit à la bonté de la nature et à la mansuétude des tigres. Voilà comment, de fait, survit le vieil être-au-monde des philosophes ; mieux vaudrait dire l'être-appartement, parti, parfois en culottes courtes, vers des vacances d'Arcadie.

Cette ignorance où, longtemps, nous restâmes du monde perdure en ce moment, instable et délicat, où, se réveillant, il change de statut en devenant, nous allons le voir, le troisième acteur de la politique.

Premier coup : tout devient politique, du grec *polis*, la ville. Tout le monde citoyen, de plus en plus. Presque plus âme qui vive ne vit ni ne vivra hors les murs d'une cité. Moins d'êtres-au-monde. Qui, alors, connaîtra le monde, comme le connurent et le pratiquèrent les ruraux ? Qui pense à lui, désormais ?

Second coup : or, très précisément à ce moment-là, le monde se venge et menace les hommes. Dès lors, peut-être rien ne sera plus vraiment politique, en ce sens traditionnel.

Je reviens plus loin sur ce basculement.

2 - Transports

Je passe maintenant au nouvel environnement humain créé par l'ensemble des portages.

La mobilité des personnes a crû mille fois entre 1800 et aujourd'hui. Elle s'élève, en 2008, pour ce qui concerne par exemple le transport aérien, à trois mille milliards de kilomètres-passagers. Au moins en nombre, le tiers de l'humanité (2,3 milliards) se transporta en avion, en 2006 ; et cette croissance continue. Rien, bien sûr, de comparable depuis l'émergence de *Sapiens.*

Parallèle, la mobilité des fruits et légumes, des animaux sauvages ou domestiqués, des insectes, arthropodes, virus et bactéries, mobilité connue et pratiquée depuis des millénaires, a crû dans les mêmes proportions. La distance d'où proviennent les marchandises dans les hypermarchés se chiffre par milliers de kilomètres.

Un nouveau collectif, inattendu, invariant par variations, que *La Légende des anges* nomme Villeneuve, somme et brassage de toutes les villes par mille tissus intervilles, parmi lesquels le plus grand restaurant du monde, par exemple, est celui de la première compagnie aérienne américaine, voit le jour depuis déjà quelques décennies. La France devient une cité dont le TGV est le métro et les autoroutes les rues.

Ces déplacements exposent le système immunitaire des humains à des pandémies auxquelles, peut-être nous ne saurons plus, un jour, comment répondre.

3 - Santé

Autour des années 1950, la disponibilité de la pénicilline et des antibiotiques rend la médecine efficace, au moins pour les maladies infectieuses majeures, tuberculose et syphilis. Beaucoup disent, avec apparence de raison, que cette médecine efficace ne naquit vraiment qu'après la Seconde Guerre mondiale. D'autre part, chimie et pharmacie produisirent antalgiques, analgésiques et anesthésiques dont la puissance gomma – je parle statistiquement – une douleur dont l'expérience générale et quotidienne accompagnait les existences, les conduites et des morales que notre oubli de cette souffrance quotidiennement supportée qualifie de doloristes, alors qu'elles engageaient à des exercices qui permettaient de supporter, au moins en partie, cette inévitable compagne de toute la vie. Par exemple et récemment, la généralisation de la péridurale changea les conditions de la délivrance : la femme enfante moins dans une douleur, dont la malédiction durait depuis l'émergence de *Sapiens*. Autre exemple, miracle même : l'éradication de la variole par l'OMS dans les années 1970. Elle ne guérit pas un malade, mais l'intégralité d'une maladie. Une organisation mondiale élimina un virus universel.

Juste avant la Seconde Guerre mondiale, René Leriche définissait la santé comme le silence des organes ; cela prouvait qu'entendus, ils émettaient surtout le son de la souffrance. Aujourd'hui, tout le monde parle ou de forme ou de bien-être, que je définis, quant à moi, comme l'exquise musique des organes. Autrement dit, avant les dates dites et au moins en Occident, le pathologique était normal, au moins par sa fréquence ; par la suite, la santé devint la norme.

Alors, le corps se transforme ; passé les années 1950 émerge un organisme humain d'une nouveauté dont nous ne nous formons peut-être pas encore une idée assez juste. Je parle toujours statistiquement : moins de souffrances, moins de maladies incurables, moins de traces de ces douleurs sur la peau... Caché jadis, parce que constellé de cicatrices et de bubons, désor-mais devenu montrable, le corps se déshabille sur les plages.

Mieux encore, nous commençâmes, au moins depuis Semmelweis, de glorieuse mémoire, à maîtriser la mortalité maternelle et infantile et, depuis Pincus, la sexualité, la reproduction et la naissance. À espérer qu'advienne enfin, dans nos cultures encore abominablement machistes, une égalité des sexes ; nos livres d'histoire disaient encore assez récemment ce mensonge insupportable que les Français avaient conquis le suffrage universel alors que la moitié seulement des adultes votaient.

Le temps de naître, les pics de douleur, la durée des maladies ne dépendaient pas de nous ; elles en dépendent en partie désormais. Même peut-être, le moment de la mort, que nous pouvons en partie différer par l'abstinence de nourritures grasses, de tabac, de dix drogues disponibles, et en s'adonnant à un double exercice quotidien, l'un, assez utile, celui du corps, et l'autre, indispensable sous peine de gâtisme précoce, et pourtant si rare, l'intellectuel.

Résumé : d'un monde de plus en plus ignoré, d'une nature de rêve, d'un environnement mobile, devenu vite virtuel, émergent des corps qui ont peu de rapport avec ceux de leurs pères, même proches.

Ici, la durée que terminent les événements concernant la santé ne se mesure plus en milliers d'années, mais accède à l'émergence même de *Sapiens* ; elle ne dépasse plus l'histoire vers la préhistoire, mais touche presque au processus d'hominisation. Voilà pourquoi j'avais choisi naguère le terme d'« hominescence », plus léger que le précédent, pour caractériser une nouveauté, millionnaire quant à elle.

4 - Démographie

Dans le même temps, et, en gros, pour les raisons susdites, en particulier en raison de la chute, peu à peu généralisée, de la mortalité infantile, le nombre des humains passa de deux milliards à six et bientôt à sept, le plus souvent serrés en gigantesques mégalopoles. Date sommitale : en 1968-1969, la croissance démographique atteint un pic jamais atteint depuis *Homo sapiens* : 2 %. Elle baisse légèrement depuis.

Corrélativement, mais alors dans les pays riches seulement, l'espérance de vie connut, à son tour, une croissance que les démographes estiment aujourd'hui au chiffre colossal de trois à six mois par an. Nos compagnes, en France, dépassent, en moyenne, quatre-vingt-cinq ans. Nous vivrons bientôt en compagnie de milliers de centenaires. Tel roman de George Sand ou de Balzac, telle comédie de Musset, soit voici à peine plus d'un siècle, laissent lire, pour les filles, des estimations voisines de trente ans.

Mais où sont les neiges d'antan ?

Cette recomposition du paysage humain eût dû transformer en profondeur institutions et coutumes : famille, retraite, héritage, succession, transmission. Un mariage où les époux se jurent fidélité pour cinq ans ressemble-t-il à celui où la même promesse court sur soixante ans ? Pourquoi, dès lors, s'étonner de la chute, en nombre, des épousailles ? Le mot reste, certes, mais recouvre une autre réalité. La transmission des biens saute parfois deux générations. Mieux : les jeunes gens partaient jadis et naguère à la guerre, fleur au fusil, pour donner à leur patrie une espérance de vie de quelques années. Y courraient-ils aujourd'hui avec le même enthousiasme, pour offrir à ce collectif, jugé alors par eux comme ignoble et monstrueux, ou à des généraux, considérés commes des tueurs, pour leur offrir, dis-je, plusieurs décennies ? Pourquoi, dès lors, s'étonner d'une tout autre sensibilité à la guerre ? Élèverions-nous aujourd'hui, sur nos places, des statues de bronze ou de marbre à des meurtriers que l'histoire glorifie selon le nombre de cadavres qu'ils ont, dans leur vie, envoyés au charnier ?

Mais où sont nos héros d'antan ?

5 - Connexions

Après le monde et le corps, nos relations. Lesdites nouvelles technologies changent nos liens, nos voisinages, nos savoirs et nos manières d'en prendre connaissance. Le *connectif* remplace le collectif. Le plus ignorant d'entre nous jouit désormais d'un accès assez facile à plus de connaissances que le plus grand savant du monde hier. Cette aise rend désuètes les thèses universitaires, d'histoire ou de philosophie, où, sur un sujet donné, l'érudit recopiait pesamment toute la documentation possible et l'exhibait pour montrer son expertise têtue. Un clic la rend immédiatement disponible ; une fraction de seconde succède à dix ans de recherches. À côté d'une nouvelle raison, dont l'abstraction se perd un peu, il faut le dire, face à un déluge formidable de détails, informations, observations, données en général, émerge une nouvelle mémoire objective qui tend à remplacer la subjective, qui, du coup, se perd beaucoup.

Mais où sont nos doctes et savants d'antan ? Où sera bientôt notre pédagogie d'antan ?

Mieux, nous n'habitons plus le même espace. Ornée du numéro de la rue et de quelques découpages d'un pays, notre ancienne adresse indiquait que nous habitions le vieil espace euclidien ou, mieux, cartésien, référé à des repères par des distances. Issu, d'autre part, du droit et du roi, le même terme adresse permettait au gabelou, au gendarme ou au policier de se présenter à domicile, en cas de non-paiement des impôts, d'absence au service militaire, de délit ou de crime. Les codes du portable et de l'adèle – la superbe adresse électronique de nos amis québecois – ne se réfèrent plus, ainsi, à des ensembles de distances ; leurs codages donnent à penser que nous habitons désormais un espace de voisinages. Les nouvelles technologies ne réduisent pas l'éloignement, mais transportent les maisons dans un tout autre espace, topologique, quant à lui. N'ayant plus que des prochains, nous ne vivons plus dans le même gîte que nos pères.

Mais où est notre habitat d'antan ?

Change, de même, l'influence que peut exercer sur autrui tel ou tel sujet, naguère encore considéré comme quelconque, voire vulgaire. Citoyenne wallonne et simple mère de famille, Mme Huard reçut, il y a deux étés, plus de visites sur la Toile que l'homme politique alors pressenti pour former le gouvernement de son pays n'obtint de suffrages aux élections au cours de toutes ses campagnes. Jeune génie de la banlieue de Montpellier, Rémi Gaillard réalise des vidéos rapides et comiques et reçoit, sur le site où il les place, quatre cents millions de visites, nombre équipotent au monde, en investissant quatre mille euros seulement et en réalisant peu ou pas de bénéfices. Voilà deux personnes, femme et homme, que je respecte fort et qui enseignent à respecter tout passant de la rue. Je préfère, en effet, leur quasi-anonymat à la gloire de celles et ceux qui cherchent à s'élever au-dessus de tous au moyen d'armes et de violence, physique, intellectuelle, financière ou médiatique. J'aime ces hirondelles qui annoncent enfin une démocratie printanière dont nous ne connaissons, depuis le mensonge aristocratique grec, que des contrefaçons.

Mais où sont les politiques et les stars d'antan ?

6 - Conflits

J'ai choisi de remonter, dans mon analyse, le demi-siècle qui nous sépare de la Seconde Guerre mondiale parce qu'elle marque une autre date capitale dans le processus d'hominisation. Il s'agit, en effet, du premier conflit où, selon les experts, les humains réussirent à tuer plus de leurs semblables que ne le firent les microbes et les bactéries qui se rencontraient au cours et à l'occasion des précédents affrontements. La raison, la science et la technologie dépassèrent, là, pour la première fois, les lois mortelles de la vie. Alors, la guerre pour la guerre l'emporta sur la lutte pour la vie. La Bombe battit Darwin.

Auparavant, et depuis que le mâle d'*Homo sapiens* s'adonne au plaisir carnassier de s'entre-tuer, une bataille mettait en présence des armes et des armées, certes, mais aussi des rats, des puces et des virus qui tuaient beaucoup plus que les sabres et les coups, même que les mitrailleuses. Pourtant considérée à juste titre comme le plus atroce charnier de tous les temps, la Première Guerre mondiale fit moins de morts que la grippe dite espagnole, dont les victimes, aux dernières estimations, purent monter à cent millions. La Seconde Guerre mondiale marque le temps de ce basculement : en termes de thanatocratie, nous faisons désormais mieux que la nature. Quel modèle atroce de domination ! Oui, les hommes devinrent, en ce temps, plus dangereux pour les hommes que le monde.

Le Manhattan Project aboutit à la bombe A, celle d'Hiroshima et de Nagasaki, que j'ai appelée autrefois le premier objet-monde : dont l'une des dimensions est compatible avec l'une des dimensions physiques du monde ; d'autres objets-monde virent, depuis, le jour, satellites, Toile, déchets nucléaires ou nanotechnologies. La guerre froide continua le processus et certaines nations, ouvertement ou en secret, se dotèrent de la bombe H.

L'équilibre des forces mondiales se transforme alors en une situation que nous ne savons pas encore analyser vraiment et où, comble de paradoxe, il n'est pas sûr que le plus fort, même de plus en plus fort, reste très longtemps le maître. Exemple : en dépensant plus de mille milliards de dollars, l'hyperpuissance incontestable n'a pu gagner, en ces jours, une guerre contre l'un des pays les plus faibles de la planète. Étrange crise de la puissance.

Mais où sont les seigneurs d'antan ?

La crise globale

Bilan de la liste. En quelques décennies se transformèrent radicalement : le rapport au monde et à la nature, les corps, leur souffrance, l'environnement, la mobilité des humains et des choses, l'espérance de vie, la décision de faire naître et, parfois, de mourir, la démographie mondiale, l'habitat dans l'espace, la nature du lien dans les collectivités, le savoir et la puissance…

Sur un point au moins, nous disposons d'éléments historiques de comparaison. L'informatique propose, je le redirai souvent, de nouveaux moyens de stocker, de traiter, d'émettre et de recevoir l'information. Avant elle, l'imprimerie, au XVe siècle de notre ère, et l'écriture, avant Jésus-Christ, avaient réalisé d'analogues performances. Ces deux exploits avaient transformé le droit, les villes, leur gouvernement, le commerce, la science, la pédagogie et la religion, preuve toute concrète que les technologies douces ont mille fois plus d'influence sur la société que les techniques dures, aux conséquences surévaluées, en comparaison. En effet, les mathématiques naissent avec l'écriture et la science moderne avec l'imprimerie ; de même, l'argent frappé remplace le troc et le billet de banque l'argent. Et ainsi de suite, jusqu'aux religions monothéistes du Livre et de l'Écriture, nées dans le Croissant fertile, et la Réforme, à la Renaissance. Un tel spectre de changements recouvre presque toutes les institutions ; il éclaira deux fois l'histoire récente ; il se reproduit aujourd'hui. Nous assistons à des crises locales et partielles, dues, en effet, aux nouvelles technologies et qui touchent tous les secteurs que je viens d'énumérer.

Mais nous n'avons pas de modèle équivalent pour évaluer l'effet des mutations agricoles ou corporelles, ni pour les ruptures qui concernent le rapport au monde et aux humains. L'importance d'un événement se mesure, je le souligne encore, à la longueur de l'ère qu'il achève. Ici, les changements arrêtent ou finissent des périodes aussi longues que celle qui nous sépare du néolithique, voire de notre propre émergence, soit des dizaines de milliers ou même des millions d'années. Je vois lucidement la lèvre amont de la crevasse ; je ne suis pas certain d'apercevoir aussi clairement la lèvre aval. Les femmes et les hommes ont-ils plus changé, depuis leur émergence ? Voilà pourquoi j'utilisai le vocable neuf d'« hominescence ». Que se passe-t-il lorsque surviennent des transformations aussi décisives ?

À réexaminer tour à tour et en particulier les diverses composantes susdites de ces changements, l'on comprend pourquoi entrèrent récemment en crise : la production agricole et la circulation de ses produits, l'enseignement, l'Université, bref, la transmission du savoir et des traditions, l'armée, la guerre elle-même et le terrorisme, les hôpitaux, le droit, le lien social, les villes, les religions… Autrement dit, plutôt que de parler seulement du récent désastre financier, dont l'importance, bruyamment annoncée, découle de ce que l'argent et l'économie se sont saisis de tous les pouvoirs, des médias et des gouvernements, mieux vaudrait assumer *l'expérience, évidente et globale, que l'ensemble de nos institutions connaît désormais une crise qui dépasse de fort loin la portée de l'histoire ordinaire.*

Dites maintenant ce qui *n*'est *pas* en crise !

Événements contemporains

Or, justement, la décennie dont j'ai parlé tantôt vécut trois petites rides quasi imperceptibles sur la surface lisse de l'histoire : entre 1960 et 1965, éclatèrent, en France, de la Bretagne à l'Aveyron et de l'Alsace aux Pyrénées, des révolutions paysannes où, circonstance rare désormais, l'on compta une dizaine de morts ; se tint à Rome, entre 1960 et 1962, le concile Vatican II, qui, de son *aggiornamento,* inquiéta, je veux dire mit en déséquilibre, la plus grande religion mondiale, catholique ; enfin, en 1968, des mouvements estudiantins se répandirent sur la planète entière alors que la bombe atomique devenait nucléaire.

Ces trois événements désignaient, je le crois, une plaque tectonique ; ils réagissaient aux changements d'hominescence que décrit la liste de tantôt. Peu d'analystes reconnurent leur portée, puisque tout le monde raisonne en économie ou en politique. Ils touchaient pourtant ce qu'il y a, peut-être, de plus long et de plus profond en nos traditions et nos cultures : le religieux, savant ou culturel, le militaire, l'économique, soit les classes énoncées, jadis, par Georges Dumézil : les prêtres et clercs, les guerriers, les producteurs. Je vais revenir sur cette triade qui partageait, depuis des milliers d'années, l'aire indo-européenne.

Étrange et dangereuse chose, malgré ces transformations majeures, nos institutions : politiques, religieuses, militaires, universitaires, hospitalières, financières, entrepreneuriales... continuèrent à peu près comme si rien ne se passait.

Pensés, inventés, organisés pour une humanité où moins d'un milliard d'âmes comprenaient une immense majorité de paysans fixés à la glèbe et dispersés dans l'espace rural, travailleurs manuels au corps rarement soigné, encore moins médicamenté, à l'espérance de vie trentenaire, soumis à la douleur quotidienne, au confort zéro, survivant difficilement à la famine et aux maladies, face à une nature nécessaire et ressentie comme cruelle, théories économiques et politiques, institutions et systèmes sociaux continuèrent à gérer des humains et un monde qui n'avaient, dès lors, plus rien à voir avec ces temps de durée millénaire, achevés soudain en un demi-siècle à peine. Cette cécité, nous allons la payer.

Autrement dit, l'écart entre la situation réelle de la nature et de la société telle qu'elle muta et continue aujourd'hui de muter, entre la nouveauté des corps, leur rapport au monde, leurs relations de nouveaux voisinages, l'écart, dis-je, entre ce réel nouvellement advenu et des organisations instituées à une époque où l'humanité vivait tout autrement, cet écart n'a cessé de croître pendant les cinquante dernières années. Comment le mesurer encore ? Par la distance qui sépare les pays riches et les autres, que *La Légende des anges* compare à la différence que nos aïeux grecs ou romains établissaient entre les mortels et les dieux.

Rien de plus risqué que de vivre cet écart-là. Il ressemble étrangement à la tension entre deux plaques tectoniques, tension dont la croissance prépare, en silence, un séisme d'une intensité proportionnelle à la longueur de cette attente.

Du coup, les institutions encore dominantes, vieillies brutalement comme les dinosaures d'antan, se réfugient dans la drogue du spectacle. Du pain, certes, économie, pouvoir d'achat, chômage..., du pain, certes, mais surtout des jeux, pour faire oublier le pain : jeux télévisés, radiophoniques, sportifs, voire électoraux. Nous assistons, navrés, à la distribution permanente de la drogue des spectacles en tout genre. Occidental, toxicomane.

Arrivons-nous à l'autre bord de cette plaque d'in-conscience ? J'entends venir des bouleversements au moins analogues à ceux qui finirent une ère entière, comme, par exemple, l'Antiquité, dont de nombreuses cultures disparurent. Je vois mal, je le répète, la lèvre aval de la crevasse ici dessinée, mais elle ressemblera, sans doute, à un réarrangement inattendu des résultats issus de ces transformations. Sans doute les pièces éparses, faciles à voir – la liste de plus haut le montre –, formeront-elles un dessin global, nouveau et imprédictible.

Mais, en attendant, ce constat permet d'évaluer la profondeur et l'étendue de la crise : elle ne touche pas seulement le marché financier, le travail et l'industrie, mais l'ensemble de la société, mais l'humanité entière. Il s'agit, en effet, par-delà toute l'histoire, du rapport essentiel des humains avec le monde.

Recul indo-européen

Je viens de promettre un second retour en arrière, dans le temps, et une autre vue au large, dans l'espace.

Au moins dans les sociétés indo-européennes, ai-je dit, les institutions sociales et politiques se développaient-elles sur un terrain divisé, au préalable, en trois aires, règnes ou fonctions : la religion, l'armée, l'économie, productive et commerçante. Récemment, en de nombreux ouvrages où il déploya cette triade sur plusieurs cultures, langues et latitudes, Georges Dumézil, cité plus haut, en montra la stabilité de long terme, dans les mythes, les symboles, les usages et conduites. Souvent figurée par cet auteur au moyen des dieux romains Jupiter, Mars et Quirinus, cette exposition, claire et large, m'a, depuis longtemps, convaincu. Elle perdure encore dans le partage, énoncé à la veille de la Révolution française, entre le clergé, la noblesse et le tiers état.

Tour à tour et selon les âges et régions, une petite poignée de prêtres ou de clercs, au nom d'un équivalent de Jupiter, de chefs militaires, sectaires de Mars, et de ploutocrates, sectateurs de Quirinus ou au moins de sa main invisible, prirent en main les pouvoirs. Nous avons peu connu d'autres aristocraties ; nous obéissons toujours à des maîtres rares et triés. Ainsi vécûmes-nous l'ère millénaire des théocraties ; puis le Moyen Âge des féodalités ; enfin la modernité de l'économie. Sous dix masques, dont celui de la démocratie, régna une petite poignée de prêtres, guerriers, riches fortunés ou même experts dans la soi-disant science, féroce et molle, de l'Administration.

Compte non tenu de quelques théocraties éparses sur la carte et dangereuses comme des maladies terminales, le règne de Jupiter s'évanouit, au moins en Occident, autour de l'âge des Lumières ; nous ne déplorons aujourd'hui que ses maladies mortelles ou ses restes mortifères. Notre atroce XXe siècle, vit, je l'espère, avec les divers fascisme, nazisme, stalinisme et bombe thermonucléaire, la fin du règne martial, puisque, je l'ai dit, l'hyperpuissance militaire ne sait ni ne peut plus gagner une guerre réputée aisée à remporter sur des faibles et petits.

Pour l'avoir lu mille fois dans les livres d'histoire, nous croyons, d'autre part et naïvement, que la vieille conduite du peuple romain, réclamant sans cesse *panem et circenses,* du pain et des jeux, *résultait* de son état de décadence ou, du moins, le faisait voir. Pas du tout : elle la *causait.* Croire, en effet, qu'une société ne vit que de pain et de jeux, d'économie et de spectacle, de pouvoir d'achat et de médias, de banques et de télés, comme nous subsistons aujourd'hui, constitue un tel contresens sur le fonctionnement réel de toute collectivité que ce choix exclusif, erroné, la précipite vers sa fin pure et simple, comme on l'a vu pour la Rome antique. Cela équivaudrait à dire, par exemple, qu'un organisme se suffit de voir et de manger ; il mourrait aussitôt de ne respirer, se déplacer ni boire. Je ne dis pas l'économie marginale ; elle demeure centrale, mais croire à sa puissance seule et ornée de l'aura cosmétique de la représentation nous conduirait à l'extinction.

Je risque maintenant une hypothèse forte, qu'évidemment, je ne peux ni ne sais maîtriser. Et si la crise actuelle sonnait, à son tour, l'achèvement de ce règne *exclusif* de l'économie ? Après Jupiter et Mars, Quirinus quitterait-il le trône ? Mourrait-il d'avoir dirigé, de régler encore une exploitation du monde mortelle pour lui ? D'organiser un travail dont la plupart des actes l'épuisent ? D'avoir séparé les humains en des classes telles que le renversement de la puissance cité tantôt pourrait être dû à ce fait, tout humain, qu'une guerre menée autour d'une technique, protectrice des vies qui l'activent, sera toujours perdue contre une faiblesse nombreuse qui ne compte pas ses pertes en vies ? Autrement dit, à ce fait que la démographie des misérables l'emportera sur la puissance thermonucléaire, mais que cette victoire pourra, de même sonner la fin de la planète ?

Notre antique rapport économique au monde s'approche-t-il d'un terme ? Pour le dire d'un mot, le potentiel indéfini de la recherche, du progrès ou de l'exploitation rationnelle et technique avait, a encore pour objet un ensemble fini de choses concrètes, inertes ou vives. Pour le dessiner d'une image, voici l'infinitude des humains face à la finitude du monde. Souvenons-nous-en, nous pensions le contraire : nous croyions à notre faiblesse et à la puissance d'une nature qui nous accablait, à la finitude humaine, donc, et à l'infini du monde. Nous pensions, courageux, que toute notre histoire consistait à lutter sans cesse contre une force toujours plus haute et profonde que la nôtre. L'image se renverse : nous savons désormais que nous sommes infinis, de raison, de recherche, de désir et de volonté, d'histoire et de puissance, même de consommation, et que la nature, face à nous, est finie. Un processus, plus long que l'histoire, car nous le croyions indéfini, se renverse, en effet, pour se heurter aujourd'hui à cette barrière, le monde, dont l'asymptote forme sans doute la lèvre aval de la crise. Voilà sans doute le *non plus ultra* qui exige au moins un contournement ou, au mieux, des voies nouvelles. Voici le début de l'ère dite anthropocène : où les humains auront à jouer, face à cet obstacle, de tout autres coups que dans leurs stratégies passées.

Je reviens au bilan de tantôt : qu'il s'agisse de l'agriculture et du nouveau rapport à la nature, des transports et de la mobilité des choses et des hommes, de la santé publique, de l'espérance de vie et de la croissance démographique, de l'espace, de cette nouvelle maison des voisinages construite par les nouvelles technologies, des armes de destruction massive et du terrorisme, reste que le monde forme, en effet, aujourd'hui, l'asymptote commune, la référence globale de tous ces processus. Asymptote commune, certes, mais connue aussi, puisque nous commençons à savoir évaluer ses sommes et capacités globales. Tout allait vers lui, vers ce que l'on croyait son infinité, mais viendra désormais de lui, barrière finie. De notre histoire viennent les problèmes, de lui naîtront les possibles solutions, celles que je vais envisager. Mur, barrière, maison, conditions de survie... que l'histoire généralement oublie.

Face à cette nécessité d'un genre nouveau se lève, en effet, un hominescent, dont le nombre, le corps, la force, la circulation, les relations avec les autres, la science et la capacité d'intervention transforment la et sa nature et le rapport profond aux choses et à son humanité. Muni désormais d'outils ou de machines dont, souvent, une ou plusieurs dimensions deviennent compatibles à l'une ou l'autre du monde : armes de destruction ou de construction massives, techniques globales dans l'espace, la durée, le volume, la vitesse, nanotechnologies dans le petit..., l'hominescent se lève à la hauteur du Monde.

D'où l'urgence de reconsidérer le statut respectif de ces deux sujets actifs, et, dans ce couple, leurs rôles respectifs, jusqu'à maintenant considérés comme contraires, agressifs ou polémiques.

Chapitre deux

Les choses du monde

Jeu à deux et jeu à trois

Face à cet hominescent, infini, se lève donc aujourd'hui, un Monde fini. Deux mots, d'abord, pour boucler temporairement mon propos.

Encore du recul. Le premier acte d'une évolution majeure de notre rapport au monde et au destin humain se joue dans l'Antiquité, où les sagesses, même quand elles s'opposaient, distinguaient, de conserve, les choses qui dépendaient de nous de celles qui n'en dépendaient pas. Le sage savait ou devait exercer sa conduite et sa volonté, libres, sur les premières sans s'inquiéter des autres, qu'il tenait de la nécessité. Des stoïciens, des épicuriens à mon père, en passant par La Fontaine, nul n'aurait eu l'arrogance d'espérer un jour régenter le climat, les épidémies, l'heure de sa naissance et celle de sa mort.

Le deuxième acte inaugure l'âge moderne. Devenons, demande Descartes, « comme maîtres et possesseurs de la nature ». Ce programme trace la voie de ce que trois siècles appelèrent, avec raison, le progrès. Résultat des recherches et des travaux que ce projet initial suscita : de plus en plus de choses dépendirent de nous. Je viens d'enlister certaines de ces performances qui passèrent à juste titre pour exploits aux yeux des contemporains qui en bénéficièrent, avant que les marchands d'angoisse et les enfants du confort recouvrent l'Occident, devenu exigeant, d'une vague de mélancolie.

Le troisième sonne l'heure exacte du contemporain : nous dépendons enfin des choses qui dépendent de nous. Étrange boucle, difficile à gérer. Nous dépendons, en effet, d'un monde dont nous sommes en partie responsables de la production. Nous entrons, je viens de le dire, dans cette ère anthropocène.

Comme un éclair redescend ici sur nous la crise financière dont je suis parti : nous voici, en effet, devant le réel tel quel, devant les choses du monde, dans la même situation qu'en économie, où nous dépendons, précisément, de ce qui dépend de nous, l'argent, le marché, le travail, le négoce. Voilà pourquoi, en commençant, j'ai mis en parallèle les deux écarts, celui que j'analyse et celui de la finance. Autrement dit : le monde concret se conduit envers nous comme si nous l'avions fait ; parallèlement, la monnaie que nous frappons et les travaux que nous entreprenons se conduisent envers nous comme si nous ne les avions pas produits.

Bien formulé, clairement dessiné, mais aveuglant, ce renversement touche à la profondeur insondable d'états où les signes que nous faisons et le monde que nous ne faisions pas, nos produits et le donné concret, notre raison et le réel, notre volonté libre et la nécessité, mêlés d'une manière étrangement nouvelle, se présentent à nous et exigent de nous une autre vision du monde et des hommes, des pratiques et des théories, sans aucun modèle passé. Oui, une fois acquises, ou à peu près, la maîtrise et la possession de la nature finissent par ceci que la nature nous possède et nous maîtrise à peu près. Nous étions sur le point de la manipuler, elle nous manipule désormais, à son tour. Comme le marché. On dirait que face à nous se lève un autre sujet. Que voici.

Pour mieux éclairer cette boucle, regardons un tableau de Goya, dont l'analyse fit, voici déjà vingt ans, la première page du *Contrat naturel.*

Pour éviter de traiter les questions vraies, si difficiles, notre société se réfugie, comme on sait, dans la représentation et le spectacle : de la terreur, de la pitié, d'une part, avec des morts et des cadavres, pour lester de réel et de grave des répétitions vaines ; du pain et des jeux, de l'autre, pour susciter l'intérêt. Elle se drogue alors à la question : qui va gagner ? Sans cesse reprise, celle-ci lance et promeut un temps haletant, celui d'un suspense toujours recommencé. Qui va gagner, aux élections, à la meilleure vente, au football, aux médailles des Jeux...? Curieuse attente d'une issue que tout le monde, pourtant, connaît à l'avance : gagne toujours le plus riche, aux jeux Olympiques aussi bien qu'au foot et aux élections.

Le tableau de Goya représente deux adversaires, torse nu, en train de se battre. Qui va gagner ? se demandent, anxieux, lesdits toxicomanes. Quand Hegel met aux prises le Maître et l'Esclave et qu'il donne, assez vite, le résultat de leur lutte – l'Esclave devient le maître du Maître –, il oublie, philosophe éloigné du monde, il oublie, dis-je, de dire où se déroule le conflit : en place de Grève, dans la clairière d'une forêt, sur un ring de sumo ? Plus réaliste, parce qu'obligé par son mode pictural de représentation, Goya en peint la place : il plonge les pugilistes dans des sables mouvants. À chaque coup porté s'enfoncent les pugnaces, progressivement. Genoux, cuisses, hanches, épaules... et la bouche, bâillonnée d'une poire d'angoisse, essaiera, ensablée, de crier au secours… Aucun des deux, évidemment, ne se sauvera de la compacité dure et dense de l'enlisement.

Le jeu à deux qui passionne les foules et qui n'oppose que des humains, le Maître contre l'Esclave, la gauche contre la droite, les républicains contre les démocrates, telle idéologie contre une autre quelconque, les verts contre les bleus…, disparaît en partie dès lors que ce tiers intervient. Et quel tiers ! Le Monde soi-même. Ici, la lise ; demain, le climat. L'eau, l'air, le feu, la terre, flore et faune, l'ensemble des espèces vivantes… ce pays archaïque et nouveau, inerte et vivant, que, plus loin, j'appelle la Biogée.

Fin des jeux à deux ; début d'un jeu à trois. Voilà l'état global contemporain.

Tenir compte de ce nouveau tiers nous oblige à une étrange sortie du politique strict, je veux dire des liens entre les humains et eux seulement, de la citoyenneté entendue comme ensemble des relations que nous entretenons dans la ville. Nous prenons conscience que nous ne jouons, depuis des temps immémoriaux, que des jeux à deux : nous ne tenons compte que des hommes. Nous croyons que cent négociations, entre syndicats et gouvernement, puis entre gouvernements dans des assemblées internationales, où chacun défend ses propres intérêts, que ces duels perpétuels résolvent ou résoudront les questions, extérieures à ces débats, concernant l'air irrespirable, l'eau et la vie prodigieuse des mers, le feu et l'énergie, la disparition foudroyante des espèces vivantes, etc. Nous faisons confiance à une vieille politique dont le trait essentiel se définit par ce jeu à deux : main à main, humain contre humain. On l'appela naguère dialectique et l'on en fit même le moteur de l'histoire !

Du coup, l'air, absent ou plutôt prétexte de ces négociations, ne cesse de se polluer, la mer se vide de vie, les espèces meurent… Qui donc défendra les poissons, muets comme des carpes, mais qui nourrissent un pauvre sur quatre ? L'air et l'eau, sans bouche ni langue, qui parlera en leur nom ? Qui représentera la terre et le feu, les abeilles et les plantes qu'elles pollinisent ? Coup définitif porté au narcissisme humain : nous voilà forcés de faire entrer le Monde en tiers dans nos relations politiques. Le nouveau jeu à trois remplacera-t-il la triade précédente, dont chaque fonction ne supposait que des jeux à deux ?

La Biogée

Qui donc aura l'audace de fonder, non plus des institutions internationales, où ces jeux à deux, vainement perpétués, restent ou aveugles ou dommageables au Monde, mais une institution à la lettre mondiale, où la Biogée, enfin représentée, aurait enfin la parole ? Dans un livre récent, je l'appelai WAFEL, avec les initiales anglaises des quatre éléments et des vifs. S'y réuniraient, non point les députés des nations, comme toujours, mais les représentants directs de l'eau, de l'air, du feu, de la terre et des vivants, bref de cette Biogée, ainsi nommée pour dire la Vie et la Terre.

Nous habitions de tout temps, nous réhabitons désormais cette antique et nouvelle maison des humains. Oui, nous y vivons en compagnie de Flore et de Faune, des roches, des mers et des montagnes, sans frontière ni douane. De la même manière, la famille latine groupait jadis mères et pères, les cousines et les frères, les outils agraires, socs, jougs et araires, avec les animaux de la ferme, vaches, cochons et couvées ; elle ne dissociait pas les hommes de leur monde. La Biogée non plus. Nous l'habitions donc depuis toujours, avant que l'histoire, les guerres et les haines, les cultures et les langues nous séparent. Nous la réintégrons aujourd'hui après quelque temps d'oubli. Fils prodigues, nous rentrons à la maison. Ou, s'imposant plutôt à notre oubli et à nos ingratitudes, la Biogée nous fait oublier, à son tour, les mille réseaux de nos séparations.

Ce pays étranger, familier, aussi ancien que réel, cette nouvelle et vieille nation où naissent les vivants, humains compris, et que hantent les choses, sur laquelle les nations humaines éphémères découpèrent des frontières temporaires et nous rendirent étrangers les uns aux autres, alors que l'eau et l'air ignorent toute muraille..., des lois la régissent, ainsi appelées du même nom que celles qui organisent les diverses régions des hommes et qu'édictèrent des législateurs aussi fameux que Solon ou Rousseau. Ceux de la Biogée se nomment Newton, Poincaré, Darwin ou Pasteur.

Bien connu de ces savants, étranger souvent à beaucoup d'autres hommes d'aujourd'hui et à leurs pratiques, ce pays ne jouit encore ni de droit ni de politique, n'a jamais nommé ministres ni ambassadeurs. *Le Contrat naturel, Le Mal propre* et *La Guerre mondiale* tentèrent naguère de jeter les bases d'un commencement de juridiction : pour le dire vite, ces livres proposèrent d'abord un pacte préalable achevant la violence, réellement guerrière, de l'exploitation des choses du monde, ensuite l'établissement d'un bien commun opposé aux conduites de propriété responsables, en les salissant, de la pollution. Car nul n'a jamais fondé de société, voire de famille, sans commencer par élaborer un droit. Et encore, pas de droit sans langue.

Or, dans cette Biogée, où vivent en symbiose les humains et le Monde, l'on ne parle pas seulement une langue universelle, celle des lois citées tantôt, la mathématique, mais on y utilise divers codes, toutes choses, nous compris, s'y trouvant *et codantes et codées.* Car nous tous, choses inertes, vivants et humains, *émettons, recevons, stockons et traitons de l'information. Universelles aussi, ces quatre règles* concernent les langues des hommes comme les codes des vifs et des choses. Ce carré d'opérations ou d'actions règne en la Biogée. Or, comme les lois, ces codes portent le même nom que le code civil ou celui de Napoléon. Nous revenons au droit.

Par ce court-circuit, fort nouveau, entre les codes naturels et culturels, ladite Biogée donne une autre idée de ladite mondialisation. Certes, celle-ci naquit de notre mobilité, des transports lointains et rapides d'humains et de marchandises. Mais, limitée à cela, elle trahit encore notre inusable narcissisme et nos étroitesses de court terme. Car nous nous mondialisâmes dès notre émergence, en quittant l'Afrique et en courant l'Eurasie, voguant vers l'Australie ou descendant le long des Rocheuses et des Andes ; très vite, nous suivîmes des voies où faire transiter les fruits et légumes, les routes des Incas, de la soie et des épices ; nous transportâmes aussi, dans les toiles de nos tentes et les coques de nos vaisseaux, nos bêtes favorites et des passagers clandestins : rats, puces, microbes et virus mortels. Il ne s'agit plus aujourd'hui de ces expansions, qui datent presque toutes de millénaires mais croissent seulement avec nos technologies contemporaines. Voilà une mondialisation qui date de l'émergence de *Sapiens.*

La nouvelle exige de penser, d'agir et de vivre face au Monde. L'hominescent décrit dans la première partie se globalise en même temps qu'il forge le globe et construit sa puissance face à celle du Monde. Vivant l'ère anthropocène, symbiote et habitant de la Biogée, il négocie avec elle et inventera, ce faisant, des lois, encore non écrites ni dites, dont l'esprit et la portée feront la synthèse entre Solon et Newton, Einstein et Montesquieu, entre les lois de la nature et celles de la cité, entre les codes qui régissent la vie et ceux qui gouvernent nos conduites. Je crois que, de tout temps, la philosophie chercha le site d'où l'on puisse comprendre pourquoi ces deux mêmes mots, loi et code, valent pour les humains et les choses. Le voilà.

Grâce à ses codages propres, la Biogée peut-elle prendre la parole, de soi-même ? Comment va-t-elle, peut-elle entrer en négociation avec nous ? Peut-elle devenir sujet de droit ?

Le dit du Monde ou la troisième révolution sur la Terre

Débat de droit, le procès Galilée annonce, dit-on, dès l'âge classique, les premières tensions entre les savants et la société : toujours le même jeu à deux. Je reviens ici vers une histoire brève. En ses travaux, Galilée formulait, en effet, un langage algébrique exprimant tel événement du monde ; la tradition de l'Église en tenait un tout autre, religieux, mythique, théologien, comme on voudra. Si intervint alors une condamnation, il n'y eut pas, là, mort d'homme. Fascinées par le spectacle offert par un débat contradictoire et pathétique, l'histoire et l'idéologie retiennent la querelle et en oublient l'objet : la chute de telle chose. Nul, en ces temps, ne jugea Galilée pour l'avoir observée ou comprise. L'enjeu portait sur la langue, algébrique ou divine, de l'explication. Jeu à deux, encore.

Tout au contraire, chez les Grecs de l'Antiquité, dont nous avons coutume de célébrer la sagesse, dans de nombreux procès qui annoncent et précèdent celui de Galilée, ceux que l'on appelait déjà physiciens avant Socrate se virent condamnés sous le chef, direct pour le coup, de s'occuper des choses du monde et d'abandonner, ce faisant, les affaires de la cité. Il y eut là, parfois, mort d'homme. Il ne s'agissait pas de confronter tel discours à tel autre, mais de condamner l'attitude même de l'observation. Tu as toujours la tête en l'air, vers les astres ; chutant dans le puits, tu te rends ridicule, même aux yeux des femmes ; tu ne fais pas ton devoir de citoyen ; tu négliges la morale civique de l'engagement. À mort les non-engagés !

Ainsi les anciens Grecs, pourtant fondateurs de la science, firent-ils du Monde le lieu muet de l'oubli et de la trahison, la banlieue du bannissement. Il le reste. Que me demandent, en effet, le plus souvent, les colloques tenus dans le monde, sinon de parler des rapports entre les sciences et la société, donc des relations courantes entre certains humains et d'autres, tenant entre eux mille types de discours, donc de m'occuper des affaires de la cité ? Oui, de l'engagement, pas de Monde, tiers exclu encore.

Nous régressons de l'âge galiléen, clément, où deux discours parlaient au moins des choses, à une Antiquité cruelle aux hommes et qui mettait hors jeu le Monde.

Or les sciences, les dures au moins, s'occupent des choses du monde, la société traitant, quant à elle, de la société. Je pourrais donc m'adonner, au seul désir des notables, à quelques variations connues et répétées partout du spectaculaire jeu à deux sciences-société : redire les rapports tendus entre savants et militaires ; les conflits des biologistes ou des médecins avec les juristes ou les religieux ; fondre sur le créationnisme ; déplorer l'absence de chroniques scientifiques dans les médias ; redire la nécessité des comités d'éthique ; pleurer sur Tchernobyl ; répéter la rumeur répandue dans le public sur les ondes électriques ; citer les faucheurs d'OGM ;

condamner Monsanto et ses stratégies criminelles de main basse sur les espèces et leur reproduction ; évoquer la misère des mères porteuses… l'actu, quoi !

Depuis les années 1960, j'ai participé, pendant un demi-siècle de travail et souvent de solitude, à ces problèmes de morale, de droit, de politique. Je les ai même parfois introduits sous les critiques vives des académiques. Je pourrais donc itérer à loisir et pour quelque plaisir répétitif les arguments et les horions de ces débats dont l'éclat et le bruit tiennent désormais le devant de la scène, puisque le spectacle exige le plus possible de ces jeux à deux.

Les sciences parlent des choses du monde et les sociétés des sociétés ; les gestionnaires et les politiques s'occupent des villes, non des choses du monde. Le titre, célèbre, d'un journal parisien signifie, aux yeux de beaucoup, le monde mondain des humains plus que le monde mondial des choses du monde.

Et comme les pays divers ont tendance à devenir des villes généralisées, qui, désormais, dans la société, regarde les choses du monde ? Et comme, dans les pays analogues au nôtre, la proportion des paysans diminua, en quelques décennies de 50 % à 2 %, qui travaille dans les champs, devenus déserts, qui habite la campagne, sinon les riches des villes à résidence secondaires et à jouissance arcadienne ? Et comme les philosophes, intellectuels, politiques, journalistes, bref, ceux qui comptent parce qu'ils disposent d'un site émetteur d'images et de paroles se nourrirent, dès leur jeunesse, aux sciences humaines et sociales, à elles et à elles seulement, qui rencontre désormais les sciences qui parlent des choses du monde ? À l'époque, déjà lointaine, où je publiai *Le Contrat naturel*, j'avais indigné ou fais rire ces braves quand je leur avais demandé de se faire un peu physiciens ! Nous vivons et pensons tous comme des acosmistes.

Or voici la nouvelle. Alors que, depuis les Grecs et Galilée, les sciences s'occupaient des choses du monde en un découpage disciplinaire de plus en plus sophistiqué, voici que, récemment, toutes ensemble, d'une commune voix, plus concrètes, mieux liées, plus proches du détail et des relations, elles se mettent à dire le Monde, non plus comme des choses locales, mais comme un partenaire global. Elles disent aussi que le Monde dit. Tout se passe comme si les savants commençaient à déchiffrer le dit de la Biogée.

Par intégration continuée des sciences, la science découvre et invente le Monde, dont la rumeur de fond renvoie à la société un message en urgence. Comment ouïr ce partenaire nouveau, archaïque vaisseau où nous fûmes embarqués, maison de nos aïeux et de nos descendants ? Prise par les cosmonautes, nous en avons vu l'image globale, pour la première fois : étrange et puissante nouvelle pour l'humanité. Je viens d'en dire les changements, leur force, leur puissance, nous en apprenons la menace. Entendons-nous ses voix ou sa Voix ?

Je hasarde l'hypothèse que notre culture et notre histoire occidentales naquirent, peu à peu, de tenir de moins en moins compte du Monde. Nous passions notre vie, nous consacrions nos pensées à quitter la Biogée. Même nos sciences, en l'objectivant, la placent à distance. Toutes les cultures tiennent compte du Monde, sauf, sans doute, la nôtre, qui substitua, par exemple, au droit naturel ancien un droit naturel moderne, fondé exclusivement sur une prétendue nature humaine. Le Grand Pan est mort, chuchotait une voix mystérieuse autour de la Méditerranée, au début de notre ère. Le réel est rationnel : sourds au premier, nous n'entendons que le second. Ville *intra muros*, société d'humains entre soi, hors campagne, hors rusticité, hors sciences dures, hors le Monde. Seuls comptent les sujets, collectifs ou individuels, narcisses ensemble dans leur pré.

Or notre culture sans monde, soudain, retrouve le Monde, non point comme toutes les autres, ou comme nos sciences, jadis et naguère, par lieux ou parties, mais en totalité. Notre voix couvrait le Monde. Il fait entendre la sienne. Ouvrons les oreilles.

Fonte des glaces, montée des eaux, ouragans, pandémies infectieuses, la Biogée se met à crier. Voici, en effet, que ce Monde global, quoique stable sous nos pieds, tombe soudain sur la tête de femmes et d'hommes qui s'y attendaient si peu qu'ils se demandent comment accueillir, dans leur société sans monde, des sciences qui, tournées vers les choses du monde, viennent d'en faire l'addition, d'en mesurer les forces souveraines et d'ouïr la voix étrange de cette totalité. Panique, le Grand Pan est de retour !

Et comme le Monde tombe soudain sur nos têtes, nous nous apercevons, pas trop tard je l'espère, qu'à ces jeux à deux, dont nous faisons souvent nos peines et nos guerres mais toujours nos colloques et délices scénarisés, se substitue, je viens de le dire, un nouveau jeu à trois qui transforme la donne et l'ensemble des questions urgentes à traiter.

Le nouveau triangle se nomme Sciences-Société-Biogée. Nouveau et vrai jeu à trois : deux sortes d'humains, souvent aux prises, plus elle, qui, en plus, nous comprend. Voilà donc trois relations et non pas une seule ; voilà une surface triangulaire et non une ligne unique. Or il n'y a ni femmes ni hommes dans cette Biogée aujourd'hui retrouvée, alors que nous l'avions exclue ; à l'autre sommet du triangle, elle agit, cependant, et réagit sur nous, comme une sorte de premier moteur. Ce sommet du nouveau triangle agit, réagit désormais sur les autres. Donc sur nous.

Peut-on parler la voix issue de ce sommet-là ?

Intégrant leurs différences, les sciences, désormais, disent le dit du Monde ; la société ne s'occupe toujours que de soi. À l'heure présente, où elle produit les choses du monde et où elle en reçoit, en retour, l'effet global sur la tête, qui va lui parler au nom de ce muet, dont le grondement inquiète et couvre, peu à peu, le bruit assourdissant des centres-villes et la rumeur tonitruante du cirque politico-médiatique ?

Par exemple, nos institutions internationales portent bien leurs noms : il s'agit, en effet, des nations, donc des rapports, souvent polémiques, entre des sociétés uniquement humaines. Il s'agit donc toujours d'un jeu à deux ; des hommes d'une part et des hommes de l'autre, opposés, j'ai déjà choisi ce cas, sur la pêche, où chacun cherche, par intérêt, des récoltes croissantes ; comme nul ne représente les poissons, muets, leurs espèces agonisent dans les océans vides alors que la plupart des pauvres se nourrissent de poisson. Dans ces institutions, les fonctionnaires défendent les intérêts de leurs gouvernements respectifs, jamais ceux du Monde. Tout jeu à deux exclut ce tiers. Oui, le Monde reste le tiers exclu de nos politiques désuètes. Ne riez-vous pas aux larmes que les États du monde envoient des politiques comme ambassadeurs pour traiter les questions concernant le climat, les pôles ou les mers, alors qu'ils n'en parlent point les codes et que glaciologues, physiciens du globe ou océanographes, muets, en estiment exactement les menaces ?

Je viens de proposer la création d'une institution non internationale mais mondiale, où l'air et l'eau, l'énergie et la terre, les espèces vivantes, bref, la Biogée, seraient représentés. La WAFEL serait le parlement de la Biogée. Mais qui aurait la parole en ce parlement de muets ? Mieux vaudrait en discuter vite – je le fais plus loin – que s'adonner aux répétitions susdites. Sûrement pas, en tout cas, les politiques actuels, dont la désuétude se mesure à leur ignorance des paroles et des choses du monde. Aurai-je l'audace de dire que la politique telle que nous la pratiquons encore se met elle-même hors jeu dans ce jeu à trois ? Sa désuétude vient de cette absence.

Révolution : la Biogée-sujet. Le nouveau jeu à trois exige, en effet, de tout autres dispositions que celles des politiques. Voici : dès lors que le Monde s'annonce comme objet global, il crée, face à lui, un nouveau sujet global, une nouvelle société : l'humanité. Ladite mondialisation me paraît aujourd'hui au moins autant le résultat de l'activité du Monde que des nôtres. Surprise pour nous, Occidentaux : le nouvel objet global se conduit comme un sujet. Anciennement objet passif, il devient facteur déterminant. Nous quittons les jeux à deux suscités par les relations narcissiques entre nos sciences et nos sociétés pour ce nouveau jeu à trois *où le Monde joue les premiers coups, plus fortement que nous.* Et, réellement, comme un *sujet.* En quelques décennies, l'ancien objet passif est devenu *actif.* L'ancien sujet humain, nous l'avons vu, se met à dépendre de ce qui, justement, dépendait de lui. Quelle nouveauté pour les philosophes de la connaissance et de l'action ! Là, nous approchons de la plaque tectonique annoncée en commençant.

Les sciences firent du monde leur objet. Rien d'aussi décisif que l'invention, au Moyen Âge, de ces deux pôles de la connaissance : sujet-objet, instances ignorées des Anciens. Par une autre manière d'oublier la Terre, Kant fit d'elle la métaphore ou le symbole de tout objet possible. Il décida que l'objet tournait autour du sujet comme la Terre autour du Soleil ; bien entendu, nous éclairions la Terre-objet comme si nous produisions un éclat aussi fort que le Soleil-sujet ; quel Roi-Soleil devint, alors, le sujet connaissant ? *Ego*. Comble du narcissisme ! Le même Kant nomma copernicienne cette deuxième révolution dont les manières renversèrent la première, dite ptolémaïque, pour laquelle un sujet tournait autour de l'objet, comme jadis, lorsque l'on pensait que le Soleil tournait autour de la Terre.

Nous entrons dans la troisième de ces révolutions, celle que j'annonce dans l'intertitre. Voici.

Dans des textes peu lus et que beaucoup méprisent parce qu'ils jasent de religion, le vieil Auguste Comte avait coutume de nommer la planète Terre : le Grand Fétiche. Comment définir un fétiche ? Comme un dieu, assurément, souvent à deux corps, sphinge-lion à tête de fille, mâle à hure de chacal, terrifiant sûrement, secourable parfois à nos supplications, mais que nos ancêtres vénéraient, alors qu'ils ne pouvaient ignorer que l'avait façonné un artisan du bois ou un sculpteur sur marbre. Les sots, ils confondaient un objet, de glaise, avec un sujet, de pensée ou d'intention ! Les imbéciles !

Pas si imbéciles, ces anciens, ou alors nous sommes aussi sots. Voyez le Monde, en effet. Nous ne pouvons pas ne pas savoir qu'en l'état actuel, anthropocène, nous l'avons façonné, comme un objet, de notre démographie, de nos appropriations, mal propres, de nos labourages et pâturages, de nos techniques, dont certaines dimensions atteignent aux siennes, de pratiques issues de nos théories. Et nous voilà, soudain, affolés par lui, parce que, devenu sujet, il nous tombe sur la tête ! Fée, il nous terrifie donc, ce fétiche, fait pourtant en partie de nos mains. Ici, je retrouve le résultat de tantôt : oui, nous dépendons désormais de ce qui, encore hier, ne dépendait que de nous. Le Monde nous précipiterait-il dans un âge fétichiste, comme le Marché ou la Finance ? Que, par parenthèse, nous considérions l'argent, lui aussi, comme un fétiche, Zola et Marx l'avaient dit après Comte, et Hergé, dans *L'Oreille cassée*, avant moi !

Or, le fondateur du positivisme dit encore que le fétichisme constitue l'état premier de l'aventure humaine. Commence, en effet, sous des augures pareils, une ère nouvelle, annoncée par cette troisième révolution. Le terme anthropocène ne signifie pas autre chose : nous nous croyions naguère sujets, individuels ou collectifs, d'un objet passif, le Monde. Renversement : nous devenons objets de ce sujet nouveau, la Biogée. Voilà pourquoi je lui donne un nom nouveau. Sa voix fait aujourd'hui presque autant de bruit, je l'ai dit, que le cirque social. Mieux encore, demeurant sujets actifs de nos savoirs et pratiques, mais aussi devenus objets passifs des transformations du monde, doubles donc, nous entretenons, désormais, avec un monde aussi dédoublé que nous, puisque, objet passif de nos transformations, il devient sujet actif de notre destin, nous entretenons, dis-je, avec lui un nouveau rapport, comme un double lien croisé en feedback : nous, sujets, objectivons le Monde ; lui, sujet, nous objective ; sujet, jeté sous nos pieds, il nous tombe sur la tête, réalité résiduelle formidable qui nous fait vivre, nous dépasse et peut nous éradiquer. De même qu'il faudrait trouver un autre mot pour dire politique, il faut en forger deux autres pour décrire cette double liaison croisée sujet/objet de la connaissance, des actes et du droit. Ni ptolémaïque ni copernicien – que je sache, notre astrophysique pourrait aussi se dire ni l'une ni l'autre ! – ou les deux à la fois, qu'importe, ce nouvel état de choses pilote notre avenir.

La crise actuelle vient de ce que meurent nos cultures et nos politiques sans monde.

Se termine une ère immense de notre histoire ; mieux, commence notre temps d'hominescence. Notre passé nous aidera peu à dialoguer avec ce nouveau partenaire biogéen dont l'immanence détermine une science nouvelle, des conduites neuves et une autre société. La cause profonde de tous nos mouvements gît là.

Il reste encore à écouter sa parole, ce que je viens de faire le plus maladroitement du monde ; je vais tenter de me montrer plus adroit.

Chapitre trois

LE SAVOIR ET LES CONDUITES

Avenir des sciences

Je reprends la question de tantôt : qui va parler au nom de la Biogée ? Ceux qui la connaissent et lui ont consacré leur vie.

Je reviens aux trois fonctions. Le pouvoir va-t-il se détacher aujourd'hui de la vieille triade des prêtres, des soldats et des producteurs de richesses ? Et dans ce cas, qui remplacera les trois corps d'aristocrates qui gérèrent tour à tour, et parfois de mèche, l'aire indo-européenne depuis le néolithique ? Pour ne pas voir clairement la lèvre aval de la crevasse, je ne sais pas répondre à cette question.

Mais je hasarde une autre hypothèse, que je maîtrise aussi peu que la précédente. Le début de cet exposé a négligé de noter que les six grands bouleversements cités proviennent tous, sans aucune exception, de la recherche scientifique et de ses applications : agronomie, médecine, pharmacie, biochimie, physique nucléaire, sciences de la vie et de la Terre… Les scientifiques ont donc déjà manifesté le pouvoir de transformer la face du monde et la maison des hommes. Qu'il ait fallu des relais, des conditions politiques ou économiques pour réaliser ces exploits, qui le nie, mais le déclenchement initial revient sans conteste aux inventeurs avec, bien sûr, je vais le dire, des effets qui rejaillissent sur la cause. Sans leurs découvertes, point d'âge contemporain.

De plus, et contrairement aux industries et aux instances financières, seule la science a l'intuition et le souci du long terme et seul le long terme, parfois même le très long, peut nous faire prendre connaissance du contemporain et nous aider à l'anticipation. J'espère que ce livre le montre.

Enfin, je demande que l'on me donne un seul exemple d'un problème crucial aujourd'hui, d'un programme ou d'une inquiétude à venir, qui, de près ou de loin, ne concerne pas le savoir ? Pouvons-nous former quelque projet où celui-ci ne figurerait pas ? Les seuls pays émergents qui s'extraient, ce jour, de la misère sont ceux qui, voici vingt ans, suivirent une politique hardie de formation, de recherche et d'enseignement.

Je pose donc de nouveau la question : qui prendra la parole en Biogée ? Les savants. Je ne demande pas qu'ils prennent le pouvoir, hélas tombé dangereusement en une telle déshérence que n'importe qui pourrait aujourd'hui le ramasser, mais qu'ils prennent la parole au nom des choses, la parole des choses elles-mêmes, la parole en la WAFEL. Qu'ils disent le Bien commun, contre le Mal propre tenu par ceux qui s'appropriaient l'ancienne triade. Qu'ils définissent un nouveau travail, orienté vers la reconstruction. Que, d'après ses codes propres, ils énoncent les lois de la Biogée.

À l'âge des Lumières, ils quittèrent Jupiter. Pourraient-ils se séparer du complexe militaro-industriel et couper toute relation avec les secteurs de l'économie qui détruisent le monde et affament les hommes ? J'énonce plus loin deux serments du scientifique dans cette nouvelle optique.

Les savants, certes, mais quels savants ? Voici. Le corpus global des sciences a toujours joui d'un centre. À partir de ce lieu plus dense, attractif, recruteur, à partir de ce germe ou de cette semence, le savoir se déploie dans son ensemble et recrute autour de lui techniques, politiques, opinions ou idéologies, même la faveur des foules. Ce lieu dense peut passer pour la cause d'une telle arborescence ou, à l'inverse, pour la conséquence de ces pratiques concrètes ou rêves abstraits, des métiers manuels ou des idéologies, sans que l'on puisse décider du sens de l'influence, puisque, ici comme souvent, les deux, cause comme effet, s'enroulent l'un sur l'autre et s'amplifient l'un l'autre. Il s'agit d'un cycle qui se nourrit de soi : sans âge contemporain, point de sciences, aussi.

Or ce centre, dans l'histoire, se déplace.

Dans les commencements, le savoir rigoureux se centra sur ce que les Grecs nommèrent *logos*, qui ne se traduit, au moins ici, ni par discours ni par parole, mais qui signifie de manière originale l'une des deux proportions $a/b = b/c$ et leur égalité. Depuis ce temps originaire, nous appelons de ce nom, *x*-logie, la plupart des nos sciences, exactes ou douces : cosmologie, biologie… sociologie.

Autour de ce que les Latins traduisirent alors par *ratio* et nous autres par raison se groupèrent les théorèmes de la géométrie, dont le plus fameux, celui de Thalès, associa diverses tailles sous la même forme, les opérations formelles de l'arithmétique, les démonstrations les plus longues et complexes, la première algèbre, la construction de machines simples propres à aider la peine musculaire des humains, quelques raisonnements concernant la justice sociale ou distributive, enfin, chez saint Jean, la relation de l'homme au Christ rapportée à celle qui unit son Fils à Dieu le Père. Mesures, travaux, droit, économie, religion. Voilà, vite dit, le noyau initial.

Deuxième acte : de Galilée jusqu'à Auguste Comte, ce lieu fédérateur se situe autour de la mécanique. Pour parler comme Descartes, la science décrit les figures et les mouvements ; Leibniz invente la force, Pascal les moments et les couples, tous deux construisent la machine à calculer. Après Archimède et d'Alembert la mécanique des fluides fleurit. Newtonienne, l'astronomie se nomme mécanique céleste. Le vivant se réduit à un animal-machine.

Les techniques se groupent là : creusement des canaux, moulins à vent et à eau, vaisseaux épousant le roulis, treuils embarqués, grues, palans et polispastes sur les quais des ports, tous leviers propres à démultiplier les forces musculaires des bras humains, des bœufs et des chevaux. Lagrange couronne ce cycle par sa *Mécanique analytique* et les temps plus contemporains y ajoutent la relativité générale et la mécanique quantique.

La période transitoire avec les temps contemporains vient de ce qu'en pleine période mécaniste advient le feu des moteurs ; ladite révolution industrielle fait, certes, surgir les molécules, mais Carnot pense encore ses deux sources en mécanicien des fluides et Fourier cherche à devenir le Newton de la chaleur. Savoir pivot, la thermodynamique devient vite statistique et virera, pour finir, à la théorie de l'information.

Troisième acte : de Mayer à Dirac, de Boltzmann à Watson, de cette révolution thermodynamique à la chimie et à l'électronique, comme au tout récent génie génétique, le centre du savoir se déplace, alors, vers les grandes populations de l'élémentaire, molécules, atomes, particules… Désormais livrées au feu, toutes les machines marchent à vapeur, au pétrole, à l'électricité, à l'énergie nucléaire… ou informationnelle.

Trois états : le *logos* mathématique ; les forces mécaniciennes ; la mathématique des grands nombres, la physique et la chimie des particules, en somme le retour aux éléments.

Quarte part : enroulant autour d'elles un nouveau centre fédérateur, les Sciences de la Vie et de la Terre prennent, désormais, le relais. Je ne vois pas encore de nom propre qui les incarne et y règne en maître ; pas de mâle dominant, vive l'égalité démocratique !

Les Sciences de la Vie et de la Terre (SciViTe) parlent la langue propre à la Biogée. Elles réinventent, aujourd'hui, une pluridisciplinarité, fédérée autour d'elles, fédération qui peut conduire à un enseignement propre à passionner tout le monde, donc à susciter une autre société. Inventons donc un autre mot pour dire politique : devenons des scivites plutôt que des civiques. Certaine culture, celle que j'appelle générique, deviendrait, sous la pression du Monde, celle de l'humanité. La Biogée comprend, en effet, le Monde et les humains, sujets ensemble et objets de cette science et exprimant, dans une langue commune, leurs soucis communs en la WAFEL. Mieux, nous améliorerons nos rapports entre nous au moyen de ceux que nous aurons avec le Monde.

Ainsi quatre fois déplacé, ce centre attracteur recrute, de près ou de loin, l'ensemble des sciences en une sorte d'interdisciplinarité, exporte vers toutes les autres ses concepts, sa dynamique et sa couleur, mais suscite aussi techniques et industries, opinions publiques et idéologies. Qu'il ne soit pas seulement la cause, mais aussi, en feedback, l'effet de ces effets, c'est aussi probable, mais qu'importe, puisque tout se joue, en cycle, dans cette boule et autour d'elle. Sa densité m'importe.

Sciences de la Biogée, celles de la vie et de la Terre occupent et montrent si bien ce nouveau centre de gravité du savoir qu'il se réfère plus, aujourd'hui, à la connaissance dans son ensemble qu'à tel ou tel savoir particulier ; moins à l'épistémologie singulière des sciences qu'à la cognition comme telle, aux actes de connaissance en général. Elles nous montrent que le monde nous plonge dans les conditions de nos approches du monde.

Pour le comprendre, partons, encore, du Moyen Âge où fut inventé, je l'ai dit, le partage entre le sujet du connaître – nous, actifs – et les objets du monde – neutres et passifs. La maîtrise des choses qui s'ensuivit s'embryonnait déjà dans ce couplage asymétrique dont le format, d'une efficacité redoutable, changea soudain le destin de l'Occident. L'abstraction elle-même changea, il ne s'agissait plus de l'idéalité mathématique, mais du fait que nous-mêmes nous nous extrayions du monde, que nous nous en abstrayions. Le monde entier tournait autour de nous, petits soleils efficaces et narcisses.

Alors, devenues connaissables, parfois connues, toujours réduites et toujours à distance, toutes choses devinrent notre propriété. À partir de la Renaissance, certaine avancée, dite progrès, de la culture occidentale, mère de ce couplage, donc des techniques correspondantes et des idéologies politiques associées, prit des allures verticales. Nous cessâmes de nous considérer comme des choses du monde parmi d'autres, mais notre vie pensante et pratique, exceptionnelle puisque dispensatrice des lois de la nature, se différencia de l'existence du reste des existants, soumis, quant à eux, à ces lois, autant dire à nos lois. Sujet-Roi-Soleil des objets.

Cet avantange immense, cette distance et ce décalage, par l'asymétrie de ce couplage, viennent à leur terme, car ils virent au désastre. Nous encourons la vengeance des choses du monde, air, mer, climat et espèces, moins passives que nous le croyions, moins objectives que nous le voulions, moins serves que nous le rêvions. Instable, la situation menace de se renverser. L'ancien esclave pourrait à court terme devenir le maître du maître, autre jeu à deux fort dangereux.

Nous devons donc accomplir, dès aujourd'hui, un nouveau découplage, celui qu'enseignent les sciences de la vie et de la

Terre. Nous vivons, disent-elles, comme des vivants dont la vie, liée à la Terre, reste conditionnée, voire déterminée par les lois de la Terre et celles de la vie.

Notre royauté chancelle. Nous devons la partager. Allons-nous devenir démocrates ? Je crois même que la langue, si souveraine, de notre ancienne raison chancelle devant la voix multiplement éparpillée des choses du monde. Allons-nous devenir réalistes ? Je vois même que la faveur populaire incline déjà vers ce savoir-là, plus proche, plus concret, plus charnel, plus humble aussi bien. Allons-nous partager enfin l'expertise ?

Reprise : universalité de quatre opérations

Comment l'ancien couplage asymétrique, très *dur*, peut-il ainsi se défaire ? Par une seconde évidence que ces mêmes sciences nous apprennent : les choses de la Terre et de la vie, disent-elles, comme nous codées, savent et peuvent recevoir de l'information, en émettre, la stocker, la traiter. Ces quatre opérations, citées déjà et plusieurs fois tantôt, mais reprises ici parce que rien, aujourd'hui, ne me paraît plus important que de méditer sur leur caractère *doux*, spécifient toutes les choses du monde, sans exception, nous compris. Ce quadruple exploit ne nous illustre pas comme sujets ni ne les désigne pour objets. De même que nous communiquons, entendons et parlons, écrivons et lisons, les choses inertes comme les vivants émettent et reçoivent de l'information, la conservent et la traitent. Nous voici à égalité. Asymétrique et parasite, l'ancien partage sujet-objet n'a plus lieu ; tout sujet devient objet ; tout objet devient sujet.

Toute la connaissance change et la pratique et le travail et la conduite.

Éthique

Et toute la morale qui les fonde. Nous avions coutume, au moins en Occident, de considérer l'autre comme un rival, un adversaire, un ennemi même. L'enfer, disions-nous, c'est les autres. Cette dialectique dominait nos idéologies, nos conduites quotidiennes, nos manières de connaître. Cet autre, notre frère parfois, celui qui parle une autre langue ou vit selon d'autres mœurs, l'ethnologie et les sciences, pour le coup vraiment humaines, nous apprirent peu à peu qu'Inuit ou Aborigène, il nous ressemblait plutôt qu'il ne différait de nous. Mieux, que cette différence même nous enrichissait.

Mais nous en restions à la vieille idéologie, exclusivement centrée sur l'humanité elle-même, alors constituée, au moins en théorie. L'autre sans langue humaine, je veux dire la Biogée, l'ensemble des inertes et des vifs, nous les considérons au mieux comme des objets, au pis comme des ennemis, oui, des autres, absolument parlant. Notre rapport à la Biogée, je le vois, en effet, comme une guerre mondiale. Vainqueur, vaincu : nous ignorons qui va gagner, sauf que nous savons déjà qu'en cas même de victoire, nous serions battus.

Que se passerait-il, alors, si les sciences dures, après les merveilles susdites de l'ethnologie, nous apprenaient, à leur tour, que ces autres-là, nous vivions, échangions et parlions comme eux, selon les quatre règles ici fréquemment citées ? Quelle surprise ! Deviendraient-elles, à leur tour, des sortes de sciences humaines ?

Mieux équilibré, plus symétrique, ce nouveau couplage de la connaissance dépend, alors, d'une éthique autrement plus forte, dense et reconnue au sein des SVT que dans les autres disciplines.

Détruire, tuer, exploiter ne valent plus. Cela revient, à terme et en définitive, à nous détruire. Signer un contrat naturel paraît aujourd'hui moins une obligation juridique et morale qu'une évidence de fait, pratiquée dans et par le nouveau centre du savoir.

Sciences faciles et difficiles

Langue des sciences faciles, la mathématique exprime et explique les faits sur lesquels nous avons peu d'informations, et parfois même pas du tout, l'apex de l'abstrait s'identifiant à ce zéro. Fille ou sœur des mathématiques, l'informatique décrit les faits où l'information, pléthorique, surabonde ; j'ai déjà parlé de détails débordant de toutes parts. Le nouveau centre annonce aussi l'émergence de ce que je nommerai volontiers les sciences difficiles. Faciles, les anciennes, parce qu'elles traitaient d'objets au préalable minutieusement découpés, donc définis et locaux, pour se trouver examinés dans des modèles maîtrisables en laboratoire. Sciences rationnelles, à frais faciles. Difficiles, les nouvelles, parce qu'au contraire, elles entrent dans la réalité des liens qui unissent les choses entre elles et les sciences qui parlent des choses entre elles. Toutes choses causées causantes et codées codantes. Difficiles certes, mais pourtant accessibles, parce que détaillées, concrètes, proches et jouissant aisément de la faveur de tous.

Par le rayonnement de cette nouvelle boule, toutes les sciences, plus ou moins, se mettent alors à ressembler à l'écologie, ce savoir d'une inextricable difficulté parce qu'il réunit à la fois l'ensemble des vivants, nous compris, connaissant et connus, à l'ensemble des conditions inertes de leur vie commune et à l'ensemble des savoirs qui s'occupent d'eux, de la mathématique la plus abstraite aux observations les plus menues. L'écologie ne découpe rien, elle associe, allie, fédère, entre dans le détail et dessine les paysages : ses cartes s'en approchent tant qu'elles leur ressemblent. Plus généralement, les sciences décrivent aujourd'hui en détail les paysages du monde.

Inquiétude impertinente : combien de soi-disant écologistes politiques savent un minimum d'écologie vraie ? Riant, je propose d'ouvrir de petits stages où, accroupis sur l'herbe, ils apprendraient.

Les SVT couvrent aussi les sciences humaines

En rayonnant autour d'elles, les sciences de la vie et de la Terre rattrapent et renouvellent les sciences humaines. Les sciences cognitives, entre autres, en bénéficient aussi.

Nous voilà, enfin, au bout du raisonnement : comment penser désormais la politique, le droit, l'économie, comment même construire une sociologie, sans référence à notre plongement dans les éléments et les vivants de la Biogée ? Le vieux passage du Nord-Ouest, par où l'on traversait des sciences dures aux douces, ressemble aujourd'hui à un recouvrement. Les sciences humaines et sociales deviennent une sorte de sous-section des sciences de la vie et de la Terre. Et réciproquement. Nous habitons la Biogée. La politique de ce pays recouvre désormais les nôtres. Et réciproquement.

Individuel ou collectif, *Homo sapiens* ne peut connaître ni être connu sans cette immersion préalable dans ses conditions d'existence où la biogéographie se révèle autrement plus décisive, désormais, qu'une histoire aux modèles désuets. *Sapiens* ne s'abstrait plus de la Biogée qui, elle, ne se réduit point à d'autres sans hommes. L'ADN de la plus belle de nos femelles ne diffère pas des gènes de celle dont la teinte secrète et souveraine devint le modèle de la porcelaine. Inversement, *Sapiens* intervient et s'investit dans presque chaque lieu de la Biogée ainsi que dans sa globalité. Les boucles croisées de cette nouvelle interdisciplinarité enveloppent donc l'homme qui, à son tour, l'enveloppe.

Deux serments

J'ai promis de finir par la rédaction de deux serments. Le premier, ancien déjà, ressortit à des préoccupations éthiques ; le second, tout nouveau, résulte de ce qui précède.

Raisons de l'ancien : aucune règle éthique ne sait ni ne peut interdire, au préalable, l'exercice libre de la recherche collective du vrai ; que telle recommandation morale intervienne après l'invention, l'innovation ou la réalisation nouvelles, et elle se rend inefficace par là même. Comment s'y prendre pour qu'une loi morale s'exerce *avant, pendant et après* toute recherche ?

Des questions au moins analogues se posèrent une fois dans l'histoire, à un médecin grec de bonne volonté : Hippocrate. De son temps, seule la médecine était responsable de la vie et de la mort des hommes, et cela d'autant plus que sa fidélité à l'organisme, mieux connu, commençait, croyait-on, à la rendre efficace. Ni le physicien, ni le chimiste, ni, *a fortiori*, le mathématicien ou l'astronome, tous adonnés à l'explication ou à l'expérience véridiques, n'avaient encore à se poser des questions semblables. Or, d'Hiroshima aux mères porteuses, et de Seveso ou de Tchernobyl aux nanotechnologies, tous se les posent aujourd'hui. L'éthique entra en médecine voici plus de deux millénaires ; elle envahit, peu à peu et autrement, toutes nos sciences dans les six dernières décennies.

Or encore, d'âge en âge, tout médecin prête, en fin d'études, le serment d'Hippocrate : unique preuve qu'une morale et un commencement de droit peuvent se maintenir le long des générations, anciennes ou à venir. Il faut donc, aujourd'hui, récrire un serment généralisé à l'ensemble des sciences, puisque tous les savants sont placés devant les responsabilités créatrices déjà évoquées. Comme ce serment se place avant tout exercice et que donc il émane de la conscience propre à chaque savant, il échappe à tous les retards ci-dessus évoqués. Chacun le prêtera ou non, selon sa décision libre. Le voici :

Pour ce qui dépend de moi, je jure : de ne point faire servir mes connaissances, mes inventions et les applications que je pourrais tirer de celles-ci à la violence, à la destruction ou à la mort, à la croissance de la misère ou de l'ignorance, à l'asservissement ou à l'inégalité, mais de les dévouer, au contraire, à l'égalité entre les hommes, à leur survie, à leur élévation et à leur liberté.

Autre coupure historique décisive que cet affrontement du savoir et de l'éthique. La philosophie se doit de méditer, à nouveaux frais, sur ces conflits, fort inattendus, entre la science et le droit, entre le bien commun et la vérité.

Second et nouveau

Revenons à la triade. La religion géra les hommes ; en prétendant les défendre, l'armée les gouverna et, souvent, les assservit ; enfin, l'économie se mit à régir leurs vies, parfois implacablement. Ces trois instances restent utiles si elles ne prennent pas toute la place et restent à la leur. Leur dominance exclusive prend fin.

Qui prend, aujourd'hui, le relais ? Le savoir, aux accès désormais faciles, une pédagogie accessible, la démocratie de l'accès général. Le savoir seul peut prendre la parole au nom des hommes, ce que faisaient les trois organes précédents, mais aussi et en même temps au nom des choses du monde, ce que nul, aujourd'hui même, ne sait ni ne peut faire : exploit nouveau et indispensable à la double survie du monde et des hommes.

Que les savants puissent parler au nom de la Biogée exige qu'ils prêtent d'abord un Serment dont les termes les libèrent de toute inféodation aux trois classes précédentes. Pour devenir plausibles, il faut que, *laïques, ils jurent ne servir aucun intérêt militaire ni économique.*

À ce prix seulement, ils pourront prendre la parole à la WAFEL, au nom de la Biogée.

Mais comment éviter qu'ils deviennent, à leur tour, une aristocratie analogue à celles qui, sous des masques divers et souvent mensongers, gouvernèrent les peuples de tout temps, clergé, noblesse, possédants d'argent ou d'expertise ?

Interventions et accès

Je ne doute pas que la maison nouvelle, décrite tantôt, l'interdise. Le nouvel espace de voisinages dans lequel nous habitons permet d'accéder, par le portable, à toute personne, où qu'elle réside ou voyage ; par le GPS, à tout lieu, même si nous ne savons pas y aller ; enfin, par les moteurs de recherche, à toute information, même si nous l'ignorons, en particulier à tout texte en toute langue, dès que le corpus mondial sera numérisé.

Cette universalité de l'accès peut fonder, pour nous autres, laïcs, roturiers, ignorants, inexperts, pauvres ou misérables, une vraie démocratie, en ce que toute hiérarchie précédente se fondait sur la rétention de l'information, sur le verrouillage d'une rareté : sacrements, règles de droit, généalogie des familles, maniement des armes, expertise et tours de main, sources de richesse et d'approvisionnement, semences, espèces vivantes, propriété, secrets de pratiques et de théorie… La hiérarchie, c'est ce vol.

Tout au contraire, la démocratie advient dès la révélation des mystères, d'abord ; dès la divulgation des secrets par la suite ; enfin dès une vulgarisation universelle. Ce renversement de l'expertise permet d'égaliser les relations entre enseignant et enseignés, par exemple, entre médecin et patients aussi bien, bref, tout rapport où une information, non interactive, asymétrique et donc injuste, a pu se transformer en pouvoir. Aujourd'hui, ô paradoxe, la plus belle mine d'or réside dans les données, dites *data*, je veux dire vraiment données : à la disposition de tous et partagées. Cet accès universel change la nature même du pouvoir.

J'aimerais écrire des lois anti-trust qui interdiraient la reconstitution, en secret, de ces petits capitaux de secrets dont le trésor, détenu, permet d'asservir les humains, détenus. La liberté, c'est l'accès.

Non seulement l'accès, possible, mais l'intervention, active. Le nouvel habitat permet à chacun, ignorant, inexpert, indigent, pauvre ou misérable, mineur en tous ordres, de s'y instruire, de s'y investir, d'y donner son opinion, de participer aux décisions, de partager l'expertise, bref, de rester attentif à son propre destin et actif dans celui de la collectivité. Voici que vient un vote en temps réel et généralisé, qui permet de rêver à une authentique démocratie de participation, puisque l'égalité règne, ici, aussi bien pour l'intervention, libre, que par l'accès, facile.

J'aimerais écrire des récits, des chansons, des poèmes, mille textes chaleureux pour encourager toute femme et tout homme à intervenir, à temps et contretemps, dans toute affaire publique, ou qui les regarde ou qui ne les regarde pas.

Interventions et accès concernent, ici, l'information que les spécialistes disent douce – *soft* – et non la puissance brute – *hard* –, le sabre du gendarme ou la bombe nucléaire, marteau ou faucille, durs.

Je m'explique.

Du doux

Quel drame pour la pensée que la vieille morale de l'engagement politique ! Elle ôta aux philosophes, occupés à répéter les devises toutes faites des partis, parfois jusqu'au crime ou à l'aveuglement, ou à solliciter de la gloriole formatée dans les médias, elle leur ôta, dis-je, le temps et la possibilité de reconnaître le réel contemporain et de méditer les questions posées par ses ruptures. Rien ne cache plus les choses nouvelles que les nouvelles de l'actu et de l'info.

Face à des changements minimes en comparaison des nôtres, les penseurs du

XIXe siècle avaient promu des dizaines de nouveaux programmes politiques, utopies et pseudo-science y comprises. Devant nos bouleversements géants, ceux du XXe, point. Trahison des clercs.

Urgent à entreprendre, voici un petit travail par lequel les engagés pourraient recommencer : travailler à la Réforme de l'Entendement. Où je retrouve ma distinction du dur et du doux.

Dureté de la Biogée : fruits toxiques, poisons, champignons vénéneux, araignées ou serpents venimeux, loups dévorants, charognards et carnassiers, rapaces, parasites, bactéries, microbes, virus... Animale ou végétale, chaque espèce dispose d'une arme, au moins, de défense ou d'attaque.

Quant à *Homo,* il détient l'intelligence. Il n'a cessé d'en utiliser la puissance, mais le plus souvent pour dominer, passer le premier, devenir le plus fort, écraser toutes choses et tous humains sur son passage, gagner. Armé d'elle, il a vaincu la nature et ses pairs misérables, au cours d'une évolution guerrière qui s'achève, en effet, sur cette victoire, triomphe cependant si paradoxal qu'il pourrait, en retour, entraîner l'espèce à l'éradication. Comment éviter cette défaite ? En changeant l'arme méchante : oui, l'intelligence. Encore du côté du venin et du croc, elle doit muter, au plus vite et sous risque gravissime, de la volonté de puissance au partage, de la guerre à la paix, de la Haine à l'Amour. Voilà un objet de ma, de toute la philosophie puisque son titre associe les deux mots de ce projet.

Aux tenants du réalisme en politique, ce mot d'Amour va paraître un peu bien utopique et gnangnan. Féminin même, peut-être ! Et pourtant, aujourd'hui, la *douceur* qu'il implique ne signifie pas seulement tendresse, mansuétude et paix, mais définit aussi un ensemble de savoirs, de technologies et de pratiques – celles, précisément, de l'intervention et de l'accès – dont l'importance prend vite le pas sur les techniques *dures* que nous utilisons, dont nous célébrons la louange, mais qui détruisent notre habitat depuis au moins la révolution industrielle et au plus l'âge de pierre. Douces, les trois révolutions de l'écriture, de l'imprimerie et de l'ordinateur ont bouleversé l'histoire, les conduites, les institutions et le pouvoir dans nos sociétés, de manière beaucoup plus fondamentale que les changements durs, ceux des techniques du travail, par exemple.

Je le répète, dur se dit du travail à l'échelle entropique : coups de marteau sur un burin, fonte de l'acier, moteurs, bombes nucléaires. Doux se dit des actes d'échelle informationnelle : traces, marques, signes, codes et leur sens ; je n'ai cessé de citer les quatre opérations concernant l'information.

Pierres avant, gravures après.

Là aussi, une sorte de paléolithique se termine. Bifurcation imprévisible d'aujourd'hui : fin du dur, début du doux. Du doux, pas seulement de la morale, mais aussi des codes, doux théorique, savant, ouvrier – exemple : diminution des cols bleus, croissance immence des cols blancs –, producteur, juridique, collectif ; du doux qui permet l'intervention et l'accès. Nous voilà parvenus à la plaque profonde où les rencontres, les courts-circuits, les ruptures entre doux et dur provoquent des séismes.

Voici donc le secret du livre et de la crise : les écarts qui, béants, s'ouvrent entre le casino de la Bourse et l'économie réelle, les chiffres de nos conventions fiduciaires et la Biogée des vivants et de la Terre, tout autant que celui qui sépare le cirque politico-médiatique de l'état évolutif des personnes et de la société, ces distances équivalent, en somme, à la bifurcation du dur et du doux.

Je promets, pour demain, un long livre sur ce Doux.

Vincennes, 09-09-09

Achevé d'imprimer par EMD S.A.S.
en janvier 2012
Dépôt légal : février 2012
N° d'éditeur : 090592-01
N° d'impression : 26005

Imprimé en France